AF305932

TABLEAUX

AQUARELLES

TABATIÈRES

ARMURE DE PARADE

FAISANT PARTIE

D'UNE DES PRINCIPALES GALERIES DE L'EUROPE

M. Ch. PILLET, Commissaire-Priseur

M. Ferdinand LANEUVILLE | MM. MANNHEIM

EXPERTS

Paris. Imp. PILLET FILS AÎNÉ, rue des Grands-Augustins, 5.

CATALOGUE

DE

TABLEAUX

DES PREMIERS MAITRES

ANCIENS ET MODERNES

AQUARELLES

PRÉCIEUSE COLLECTION DE

TABATIÈRES

MAGNIFIQUE

ARMURE DE PARADE

OBJETS DIVERS

LE TOUT FAISANT PARTIE

D'une des plus célèbres Galeries de l'Europe

DONT LA VENTE AURA LIEU

HOTEL DROUOT, SALLE N° 7

AU PREMIER

LES MARDI 13, MERCREDI 14, JEUDI 15 & VENDREDI 16 JANVIER 1863

A UNE HEURE ET DEMIE

Par le ministère de Mᵉ **CHARLES PILLET**, Commissaire-Priseur,
rue de Choiseul, 11,

Assisté, pour les Tableaux, de M. Ferdinand **LANEUVILLE**, Expert,
rue Neuve des Mathurins, 73,

Et pour les Objets d'art, de MM. **MANNHEIM**, Experts,
rue de la Paix, 10

Chez lesquels se distribue le présent Catalogue.

EXPOSITIONS } PARTICULIÈRE, le Dimanche 11 Janvier 1863,
PUBLIQUE, le Lundi 12 Janvier 1863,

de une heure à cinq heures.

N. B. Le présent Catalogue donne droit à l'entrée à l'Exposition particulière.

CONDITIONS DE LA VENTE

Elle sera faite au comptant.

Les acquéreurs payeront, en sus des adjudications, *cinq pour cent*, applicables aux frais.

Le présent Catalogue se trouve :

Chez MM. :

A *Paris*,	CHARLES PILLET, commissaire-priseur, rue de Choiseul, 11.
»	FERD. LANEUVILLE, expert, rue Neuve-des-Mathurins, 73.
»	MANNHEIM, expert, rue de la Paix, 10.
Londres,	ANNOOT, Old-Bond street, 16.
»	COLNAGHI, Pall-Mall-East, 14.
»	H. DURLACHER, New-Bond street, 113.
»	FARRER.
»	J. WEBB, 22, Cork-Street, Burlington-Garden.
Bruxelles,	ÉTIENNE LEROY, place du Grand-Sablon, 12.
Rotterdam,	LAMME.
Berlin,	ARNOLD, unter den Linden, 21.
»	ASHER.
»	FIOCATI.
»	LEPKE.
»	REIMER.
Francfort-s.-Mein,	LOEVENSTEIN frères, Zeil, 57.
Milan,	VALLARDI.
Vienne,	ARTARIA et Cᵉ.
Florence,	BALDI.

TABLEAUX

ET

AQUARELLES

ORDRE DES VACATIONS

—

VACATION *du Mardi* 13 *Janvier* 1863.

Tableaux — du nº **1** au nº **34.**

VACATION *du Mercredi* 14 *Janvier* 1863.

Aquarelles — du nº **35** au nº **77.**

———

N. B. Les Vacations des jeudi 15 et vendredi 16 janvier 1863
sont réservées pour la vente des Tabatières, de l'Armure et des
Objets divers faisant partie de la même collection.

TABLEAUX

ÉCOLE FRANÇAISE

DECAMPS (Alexandre-Gabriel)

1 — Samson combattant les Philistins.

Le célèbre fait biblique a pu avoir dans l'art de la peinture d'autres interprètes; jamais il n'a été conçu et reproduit avec un esprit aussi vrai, une entente aussi complète du temps, du pays et des hommes. Ce tableau est saisissant comme scène et comme action; mais son mérite suprême est dans le puissant coloris que le peintre a su répandre dans la mêlée confuse des combattants et dans l'austère paysage qui sert de théâtre à cette lutte inégale. Fidèlement inspiré par ses études des régions orientales, Decamps atteint, dans cette composition fougueuse, la puissance de Salvator Rosa.

L'apparition de cette toile célèbre causa, dans son temps, une vive sensation parmi les artistes et les amateurs de l'art. Le peintre avait à faire accepter à un public façonné à d'autres traditions non-seulement l'audace de sa couleur et l'originalité de son exécution, mais encore une innovation bien plus inouïe dans la conception d'un sujet jusqu'alors réservé au genre solennel de l'histoire. Le talent et la vérité l'emportèrent, et l'opinion fit bientôt à Decamps la place brillante qu'il occupe parmi les artistes contemporains.

Toile. Haut. 82 cent.; larg. 1 m. 20 cent.

Le Samson fut acquis par S. A. R. le duc d'Orléans en 1834 et vendu à la vente de S. A. R. madame la duchesse d'Orléans, en 1853.

FLANDRIN (HIPPOLYTE)

2 — Tête de femme espagnole.

Une jeune femme en costume noir, relevé par un seul nœud rouge ornant la chevelure, s'appuie gracieusement sur sa main fermée, dans une attitude sérieuse et charmante. L'expression de la tête est d'une suavité paisible, heureusement rendue par la finesse recherchée de la touche. Cette jolie tête rêve et fait rêver.

Toile. Haut. 60 cent.; larg. 49 cent.

GREUZE (Jean-Baptiste)

3 — La Dame de charité.

Ce tableau est une des grandes pages du maître, une œuvre qui tient un rang distingué parmi ces conceptions élevées qu'on nomme : « le Paralytique servi par ses enfants ; — la Malédiction paternelle ; — le Père de famille lisant la Bible, » et tant d'autres compositions pathétiques ou gracieuses qui placent Greuze parmi les artistes les plus éminents du siècle dernier. Ici, comme dans ses autres inspirations graves, la scène est nettement exposée. Une dame, à l'extérieur modeste, visite un pauvre malade et donne à sa fille, encore enfant, les premières notions de la charité pratique, en lui faisant envisager de près le spectacle de la détresse et de la maladie. L'expression des divers personnages est simple et vraie, le coloris harmonieux, la touche élégante et facile. Ce tableau est, en un mot, un des chefs-d'œuvre de Greuze, une de ces toiles capitales que se sont disputées les plus riches galeries de l'Europe.

Toile. Haut. 1 m. 13 cent.; larg. 1 m. 46 cent.

ISABEY (Eugène)

5 — Marine. — Coup de vent sur la côte de Saint-Malo.

La mer, déchaînée dans une anse étroite, au pied d'un antique rempart, a jeté sur les écueils un navire de cabotage. Les lames, en balayant le pont, ont tout entraîné, et déjà des cadavres flottent brisés sur des roches tour à tour découvertes ou englouties sous l'écume furieuse. Cependant un sauvetage est organisé, et les victimes du naufrage qu'on a pu recueillir sont péniblement hissées au sommet de la muraille la plus rapprochée. Cette scène d'effroi est rendue avec une vérité et une puissance d'observation qui font assister le spectateur à toutes les angoisses d'un pareil moment. La mer et le ciel participent au désordre de l'atmosphère ; au rivage tout est ruisselant et bouleversé ; mais un pâle rayon de soleil frappant sur les vieilles maisons du rempart semble indiquer la fin prochaine de la bourrasque.

Toile. Haut. 87 cent. ; larg. 1 m. 30 cent.

Ce tableau est une des peintures de marine d'Isabey où cet habile artiste a déployé le plus de talent, tant la nature y est véritablement prise sur le fait.

ISABEY (Eugène)

*mise à prix
12,000f.*

3.750 · 6 — Marine.

La basse mer laisse à découvert le fond d'une baie,
bornée, vers l'horizon, par de hautes falaises; des barques
de pêche échouées sont entourées par les nombreux ache-
teurs qui viennent s'y approvisionner. Sur la plage de
gauche se groupent quelques maisons rustiques, tandis
que sur un premier plan, vivement éclairé, s'étalent les
produits d'une pêche abondante, surveillés par une jeune
marchande. Cette grande composition, qui réunit une
quantité de figures spirituellement mises en action, se
distingue par la puissance et la vérité de la couleur et par
une touche merveilleusement adaptée à chaque objet re-
présenté. Le ciel et les fonds sont d'une rare finesse de
pinceau, tandis que les plans antérieurs offrent des con-
trastes vigoureux, mais en harmonie avec le ton général
du tableau.

Toile. Haut. 1 mètre 57 cent.; larg. 2 mètres 5 cent.

ISABEY (Eugène)

7 — Marine.

Une escadre de barques débouche d'un étroit abri
pour gagner la haute mer où un petit navire, déjà
sous voiles, semble donner un signal de départ par un
coup de canon. La scène est imposante et pittoresque.
Sous un ciel lourd et chaud se dressent des rochers d'un
beau caractère et puissamment colorés. L'agitation de la
mer dans la passe resserrée que les bateaux vont franchir,
est rendue avec une vérité saisissante. Quant à ces barques
et aux figures qui les animent, on ne saurait imaginer rien
de plus vrai comme action, rien de plus chatoyant sous la
lumière chaude et répercutée qui éclaire encore le pied
des rochers. Cette marine est un des beaux ouvrages de
l'auteur.

Toile. Haut. 1 mètre 57 cent.; larg. 2 mètres 5 cent.

JOHANNOT (Tony)

8 — Mort du connétable Bertrand Duguesclin.

On faisait le siége du château de Randan, dans le Gévaudan ; le duc d'Anjou commandait l'armée, et le connétable s'était rendu auprès de lui. Tout à coup Duguesclin tombe malade. On cache son danger aux soldats, mais le héros ne peut l'ignorer. Il prend dans ses mains victorieuses l'épée de connétable ; il la considère quelque temps en silence et les larmes aux yeux : « Elle m'a aidé, dit-il, à vaincre les ennemis de mon roi ; mais elle m'en a donné de cruels auprès de lui. Je vous la remets, ajouta-t-il, s'adressant au maréchal de Sancerre, protestant que je n'ai jamais trahi l'honneur que le roi m'avait fait en me la confiant. » Alors il baisa avec respect cette épée et expira le 13 juillet 1380. Le lendemain, le gouverneur de la place assiégée apportait les clefs sur son cercueil.

Toile. Haut. 56 cent.; larg. 97 cent.

Te est le fait mémorable qui a inspiré au pinceau de Jony Johannot, ce gracieux inventeur de tant de vignettes charmantes, une scène variée où chaque assistant a son expression. Ce tableau est d'autant plus précieux, qu'on en compte peu signés de ce nom, justement aimé des artistes contemporains. Il faisait partie de la galerie de S. A. R. le duc d'Orléans.

MEISSONNIER (Jean-Louis-Ernest)

9 — Un Porte-Enseigne.

Le pinceau précieux de l'artiste s'est distingué, comme toujours, dans une figure lilliputienne qui offre toute la fierté, toute la vigueur d'un grand sujet. Quelle allure fanfaronne et superbe n'a-t-il pas, ce soldat à la moustache menaçante, à la forte rapière, aux chausses de velours, à la manche orange sortant de son buffle un peu débraillé? Sa main droite s'appuie sur la hampe reposée d'une vaste enseigne dont les plis retombent derrière lui. On ne saurait rien voir de plus coquet et de plus vrai que l'ajustement de ce guerrier d'aventures : chaque étoffe a sa touche particulière. Ce tableau est, en un mot, un échantillon précieux d'un grand art dans les petites choses.

Bois. Haut. **13** cent.; larg. **75** mill.

PATER (Jean-Baptiste)

10 — Les Loisirs champêtres.

Une élégante et nombreuse compagnie s'est réunie dans
un site pittoresque dont la mer borne l'horizon. Là, cha-
cun occupe à son gré les heures d'un loisir favorisé par
une belle journée. Un groupe principal de femmes co-
quettement parées devise joyeusement au pied d'un monument ombragé par de grands arbres. Des couples
amoureux se dispersent dans la campagne, et sur le premier plan, des pages préparent les rafraîchissements. La
variété naïve des poses, la finesse de touche des figures,
la couleur du paysage, font de ce tableau un résumé gracieux du genre cultivé par le peintre à une époque où
l'étude de la nature avait momentanément cédé la place
à un art de convention dont on ne saurait nier le charme
et la séduisante harmonie.

Toile. Haut. 53 cent.; larg. 64 cent.

ROBERT-FLEURY (Joseph-Nicolas)

11 — Michel-Ange veillant son serviteur malade.

Michel-Ange, disent les chroniques, chérissait par-dessus tout son serviteur Urbino. « Quand je serai mort, lui dit-il un jour, que feras-tu, mon cher Urbino? — Il faudra bien, lui répondit-il, que je serve un autre maître. — Non, je ne le souffrirai pas, » répliqua Michel-Ange; et il lui donna deux mille écus (plus de dix mille livres de France). Il eut le chagrin de lui survivre, le soigna nuit et jour durant sa maladie et pleura sa mort.

Tel est le sujet qui a inspiré le peintre. Urbino gît sur son lit de souffrance. Son maître, appuyé sur cette couche, dans une attitude fatiguée, le contemple avec anxiété. Des cartons et des livres épars indiquent comment le grand artiste abrége ses heures d'insomnie, complétées par un sablier.

Toile. Haut. 62 cent.; larg. 78 cent.

Ce tableau, plein de pensées, est peint avec une heureuse habileté de touche et une grande entente du coloris. Il a fait partie de la galerie de S. A. R. le duc d'Orléans.

ROUSSEAU (Théodore)

12 — Paysage.

Un terrain marécageux, coupé de rigoles et traversé par une petite rivière; quelques bouquets d'arbrisseaux; des arbres légers se découpant sur l'horizon au fond des prairies; un ciel qui s'embellit après l'orage et un rayon de soleil venant réjouir le second plan du tableau: tels sont les effets simples et vrais dont s'est servi le paysagiste. Cette toile est frappante de naturel. La touche, large et nette, s'allie habilement à la finesse du ton général.

Bois. Haut. 27 cent. ; larg. 38 cent.

VERNET (Joseph)

13 — Marine et Paysage.

Une vaste baie, entourée de monts pittoresques, s'ouvre sur la mer et laisse voir un horizon lumineux : c'est une belle et calme matinée. Sur la gauche du site, en pleine lumière et au second plan, s'élève une riche villa. Un navire est à l'ancre, et un autre arrive au mouillage, poussé par une faible brise. Ce magnifique paysage maritime doit être, sinon une vue d'après nature, du moins une réminiscence des côtes enchantées de la Sicile ou de Naples. Rarement le grand peintre s'est montré aussi vrai dans la reproduction d'une nature privilégiée; aussi s'est-il complu à animer la scène d'une quantité de figures peintes avec coquetterie. Une belle compagnie, qui occupe le centre du premier plan, se prépare au plaisir d'un déjeuner champêtre; déjà les valets disposent les apprêts. Le personnage qui semble le chef de cette élégante famille est en colloque avec des pêcheurs qui débarquent de beaux poissons. Pendant ce temps, un chasseur met ses chiens en quête. En un mot, tous les plans de ce lumineux tableau sont animés par des épisodes aussi variés que spirituellement rendus, avec un charme inimitable de couleur et de touche.

Toile. Haut. 87 cent.; larg. 1 m. 36 cent.

VERNET (Horace)

14 — Socialisme et Choléra.

Deux fléaux qui menaçaient la France et le monde à une époque néfaste, ont inspiré à l'auteur fécond de tant d'œuvres brillantes une sombre improvisation, un rêve de poésie sinistre. Cette image des terreurs du moment est assez parlante pour se passer de commentaires. Heureusement cette composition, d'une émotion grandiose, est restée à l'état d'esquisse, et de meilleurs jours sont revenus. Page exceptionnelle dans l'œuvre rayonnant d'Horace Vernet, le peintre des gloires nationales, ce tableau saisissant restera comme une curiosité historique, empreinte d'ailleurs de tout le talent du peintre. Il est signé avec la date de 1850. La gravure l'a popularisé dans une planche à la manière noire.

Toile. Haut. 45 cent. ; larg. 37 cent.

ÉCOLE HOLLANDAISE & FLAMANDE

BAKHUISEN (Louis)

15 — Une Marine.

Sur une mer qui commence à s'agiter et dont la couleur
indique assez les atterrages de la Hollande, trois navires
arrivent au mouillage, pour fuir le mauvais temps qui me-
nace. Des barques vont à leur rencontre et sillonnent la
mer. Rien de plus naturel que le mouvement des flots,
dont la transparence est merveilleusement rendue. L'or-
donnance de ce tableau et la vigueur du coloris en font
un des échantillons les plus complets qu'on puisse trouver
d'un maître qui n'a point d'émule dans l'art de peindre
la mer et ses aspects variés.

Toile. Haut. 52 cent.; larg. 61 cent.

Ce tableau a fait partie de la galerie de M. le comte d'Aus-
sonne jusqu'à l'année 1851.

DOW (Gérard)

16 — Le Tailleur de plume.

Ce tableau retrace un de ces effets de lumière artifi-
cielle dans lesquels excellait le peintre. Une chandelle,
placée sur une table, éclaire les traits prononcés d'un
vieux maître d'école taillant une plume, tandis que de
jeunes écoliers sont diversement occupés autour de lui.
Toute la finesse de ton et d'expression, toute la précision
de détails familière à l'artiste, brillent dans cet agréable
spécimen de son talent.

Bois cintré. Haut. 25 cent.; larg. 23 cent.

KOEDYCK

17 — Le Pansement.

Dans une grande chambre que tout indique être la de-
meure d'un savant, d'un alchimiste peut-être, un homme,
assis sur un fauteuil, subit le pansement d'une blessure
au pied. Un jeune page ou un élève en chirurgie, à genoux

devant le blessé, participe à cette opération. A droite, un escalier tournant conduit à l'étage supérieur; à gauche, une fenêtre s'ouvre sur la campagne. Des cornues, des fioles, des livres et d'autres attributs de l'étude occupent de nombreux rayons. — Koedyck était élève de Gérard Dow, et s'appliquait à reproduire la touche fine et délicate de son maître.

Bois. Haut. 85 cent.; larg. 69 cent.

Ce tableau provient du cabinet de M. le général Gorgoli, à Saint-Pétersbourg.

KUYP (ALBERT)

18 — Intérieur d'une étable.

Dans une étable faiblement éclairée par une ouverture qui laisse apercevoir des arbres dans le lointain, deux vaches ruminent, l'une debout, l'autre couchée. Un coq est perché sur la mangeoire, tandis qu'une poule s'est réfugiée dans le panier à couver, suspendu à une poutre. Avec cette simple composition, l'auteur a su faire un tableau plein de vérité, remarquable par la finesse de la touche et l'entente excellente du clair-obscur.

Bois. Haut. 41 cent.; larg. 53 cent.

Cette œuvre distinguée d'Albert Kuyp a été acquise en 1851 de M. Owen, à Londres.

KUYP (ALBERT)

19 — **Une Marine. Vue de Dordrecht.**

Sur un des bras nombreux qui relient la Meuse à l'Escaut, près de leur embouchure, une foule de barques sillonnent en tout sens une eau calme et transparente. Le profil de la ville de Dordrecht se dessine sur la rive du fond.

Bois. Haut. 71 cent.; larg. 1 m. 6 cent.

Cette admirable composition est d'une vérité saisissante; elle est empreinte d'une couleur locale qu'on ne retrouve que chez les peintres hollandais inspirés de la nature originale et pittoresque de leur pays.

Elle a été l'ornement de la galerie de M. Érard, à Paris.

REMBRANDT (PAUL VAN RYN)

20 — **Un Jeune Garçon.**

Un petit paysan, au teint frais, à l'œil vif, est accoudé sur un appui de pierre et regarde en face de lui dans l'espace. Une chemise de grosse toile couvre ses épaules et laisse ses bras dégagés. Cette jolie étude est pleine de vie et de naturel, riche de couleur et ferme de touche ; autant de qualités que l'on retrouve dans les meilleures œuvres du grand maître.

Toile. Haut. 58 cent. ; larg. 51 cent.

Ce tableau provient du cabinet de M. Tacchinardi, où il figura jusqu'en 1836.

RUYSDAEL (JACQUES)

Figures par Philippe WOUWERMAN

21 — **Paysage**.

Deux grands talents se sont réunis pour donner à cette toile un rare mérite de perfection. La scène est simple et vraie. A la gauche d'un chemin rustique s'élève une chaumière décorée du drapeau national flottant au bout d'une perche. Sur le premier plan, un jeune homme à cheval traverse un mince ruisseau dans lequel s'ébattent deux enfants en mouillant leurs pieds. Plus loin, un autre cavalier s'entretient avec divers personnages. Le soleil, perçant les nuages, dore, au second plan, des champs moissonnés. Les figures qui animent ce paysage sont en harmonie complète avec le ton local ; elles se distinguent par la touche fine et savante du maître qui prêta son concours à Ruysdael. A part cette heureuse association, qui fait de ce tableau une rareté, on ne saurait désirer un plus pur échantillon du pinceau du grand paysagiste.

Toile. Haut. 50 cent.; larg. 58 cent.

Smith mentionne ce tableau dans son Catalogue raisonné : Supplément, pages 694, n° 41. Il appartenait avant 1851 à la collection de M. le baron Nagell van Ampfen, à la Haye.

TENIERS (DAVID, le jeune)

22 — Jésus et la Femme adultère.

Le peintre des buveurs et des joyeuses tabagies s'est quelquefois reposé de ses inspirations bachiques, témoin ce petit tableau, qui, tout en rappelant son auteur, ne manque pas d'une certaine noblesse. La figure du Sauveur est calme et belle ; la femme accusée est confuse avec simplicité. Par une coïncidence singulière, cette scène offre une disposition entièrement identique à celle d'une grande toile attribuée au Giorgione et bien connue en Italie. L'artiste semble s'être inspiré à cette source ; mais il a voulu imprimer son cachet même à un sujet grave, et l'on retrouve dans la tête du vieillard qui précède la coupable, ce buveur émérite et consciencieux, cette tête savamment ridée que Téniers a placée fréquemment dans ses tableaux les plus étudiés, et qui pourrait bien être un portrait d'ami.

Bois. Haut. 17 cent.; larg. 32 cent.

Ce précieux tableau provient du cabinet de M. le comte de Survilliers (le prince Joseph Napoléon, ancien roi d'Espagne).

VAN DER NEER (ARTHUR)

23 — Clair de lune.

Ce petit tableau est d'un effet vrai et charmant. La lune, cachée par un groupe de maisons bordant un canal, jette sur les eaux et sur le paysage de la rive opposée une teinte douce qui permet de discerner les objets. Quelques barques se détachent sur la lumière réfléchie et dégradée jusqu'au premier plan, où des filets de pêche étendus forment un repoussoir naturel. Cette œuvre se recommande par une exquise finesse de ton, unie à une habile fermeté de touche.

Bois. Haut. 14 cent.; larg. 24 cent.

Elle a fait partie du cabinet de M. Stevens, à Anvers. En 1839, le tableau fut acheté par M. Gruyter, d'Amsterdam. Plus tard, il ornait la collection de M. le baron Nagell van Ampfen, de la Haye.

VAN DER WERF (Adrien)

24 — Une Jeune Fille.

Cette blonde enfant, si gracieusement parée, n'est pas encore une jeune fille, et cependant, son regard naïf et profond révèle déjà une vague rêverie. Les fleurs qu'elle effeuille d'une main distraite, comme pour interroger l'oracle traditionnel de la jeunesse ; une figure de l'Amour, cachée sous l'ombrage voisin, expliquent assez la pensée du peintre dans cette étude, des premières révélations d'un cœur innocent.

Toile. Haut. 50 cent. ; larg. 44 cent.

Peinte avec une heureuse facilité, d'un ton frais et fin et d'une touche habile, cette agréable toile de Van der Werf est digne des œuvres du meilleur temps de l'auteur. Elle a fait partie de la galerie du prince de Kaunitz.

VAN OSTADE (Adrien)

25 — Halte dans une forêt.

Sous l'ombre épaisse de grands arbres, deux cabanes rustiques occupent la droite et la gauche du tableau. Celle du second plan est un cabaret auprès duquel un cheval expédie sa provende. Devant la chaumière de gauche, une femme récure un chaudron, tandis qu'un enfant reste en contemplation devant la ménagère. Sur le premier plan, un voyageur se repose à demi étendu; il a auprès de lui son chien. Tout est calme et mystérieux dans ce charmant effet de clair obscur, et la touche, d'une finesse recherchée, s'harmonise merveilleusement avec une heureuse liberté de pinceau.

Toile. Haut. 40 cent.; larg. 30 cent.

Ce tableau porte la date de 1671.

VAN OSTADE (Adrien)

26 — Scène de buveurs.

Un cabaret et quelques acteurs attablés, il n'en fallait pas davantage au peintre pour composer une scène pleine de vérité. Quatre buveurs occupent le premier plan de gauche. Celui qui remplit les verres semble pénétré de l'importance de sa fonction. Au fond, deux sages fument en devisant sous le manteau de la cheminée. Avec cette simple donnée, l'auteur a produit un petit chef-d'œuvre de vigueur, de franchise de ton et de finesse de pinceau. Le dessin n'est pas moins estimable que le coloris, et l'expression des figures est saisissante de naturel.

Bois. Haut. 33 cent.; larg. 27 cent.

Ce tableau appartenait à la collection de M. Smith, de Londres, d'où il est passé dans celle de M. Brondgeest, d'Amsterdam, en 1836. Depuis, il a fait partie du cabinet de M. le baron Nagell van Ampfen, à la Haye.

VAN OSTADE (ADRIEN)

27 — L'Empirique.

Assis près d'une table recouverte d'un tapis turc et sur laquelle sont étalés des livres de sciences, un médecin au costume sévère examine attentivement un liquide contenu dans une fiole qu'il élève entre ses yeux et la lumière. L'expression de la figure, le soin complaisant avec lequel sont traités les accessoires, font de cette composition un des précieux bijoux de l'œuvre fécond de Van Ostade.

Toile. Haut. 33 cent.; larg. 27 cent.

VAN OSTADE (ADRIEN)

28 — Une Partie de cartes.

Ce petit tableau est un jeu charmant de son spirituel auteur. Finesse de tons, puissance de clair-obscur, coquetterie de touche, on reconnaît dans cette œuvre toute l'aimable originalité du maître.

Bois. Haut. 19 cent. 1/2; larg. 24 cent. 1/2.

Il a fait partie du cabinet du comte de Survilliers (prince Joseph Napoléon, ancien roi d'Espagne).

WEENIX (Jean-Baptiste)

29 — **Nature morte et Équipement de chasse.**

Un beau lièvre et deux perdrix sont étalés au pied d'une table de pierre, groupés avec des ustensiles de chasse, parmi lesquels on distingue un chaperon de faucon. Le fond est occupé par un paysage montueux et un ciel couvert. Une couleur brillante et une touche extrêmement habile recommandent ce beau tableau, où l'auteur, en luttant avec la nature inerte qui lui servait de modèle, est parvenu à rendre l'imitation aussi parfaite qu'il est donné à l'art d'y atteindre.

Toile. Haut. 89 cent.; larg. 1 mèt.

Ce tableau a appartenu à M. Muller, qui possédait un des plus riches cabinets connus en Hollande; il est passé ensuite dans la collection toujours si bien choisie de M. Nieuwenhuys, à Bruxelles.

WOUWERMAN (Philippe)

30 — **Un Cavalier.**

Ce petit tableau est évidemment un portrait. Le cavalier, bien assis sur son puissant cheval, tourne les yeux vers le spectateur, pendant qu'une chasse au cerf anime le paysage du fond. Une belle couleur, une touche franche et solide recommandent cette œuvre d'un fini précieux.

Bois. Haut. 32 cent. ; larg. 30 cent.

Elle est citée dans Smith, Catalogue raisonné, Supplément, page 229, n° 265, et elle provient, depuis 1851, de la collection de M. le baron Nagell van Ampfen, à la Haye.

ÉCOLE ALLEMANDE

KRANACK (Luca)

31 — Sujet allégorique.

Cupidon enfant s'est emparé d'un rayon de miel, et au moment où il y goûte, les abeilles le blessent de leurs aiguillons. — Il en est ainsi de la volupté; elle dure peu et elle est souvent mêlée de cuisantes douleurs.

Bois. Haut. 48 cent. ; larg. 37 cent.

Tel est le sens des deux distiques que l'auteur a placés en légende sur sa toile, et qui expliquent suffisamment l'allégorie. La figure nue qui représente sans doute la Sagesse, celle de l'enfant qui reçoit la leçon un peu trop tard, sont conçues et dessinées dans ce goût qui distingue les compositions de Kranack, lesquelles tiennent toujours un rang distingué parmi les produits de la vieille école allemande.

KRANACK (Luca)

32 — Léda.

Pendant du précédent.

Bois. Haut. 48 cent. ; larg. 37 cent.

ÉCOLE ALLEMANDE MODERNE

PETTENKOFEN

33 — **Le Partage du butin.**

Deux malandrins, dont le costume délabré indique des
échappés de quelque bande de reîtres du dix-huitième
siècle, ont travaillé pour leur compte et se sont emparés
d'une élégante valise de dame. Un champ de blé leur a
semblé l'asile le plus sûr pour procéder au partage, et
l'un des soudards, celui qui est assis à terre, semble s'être
adjugé déjà un beau collier de perles, déposé sur son
feutre. Mais un bruit se fait entendre et les deux amis
dressent l'oreille. — Cette petite scène est rendue avec
beaucoup de vérité; l'expression des physionomies est
prise sur le fait, et les détails sont peints avec une re-
cherche qui n'exclut pas la fermeté du dessin.

Carton-bois. Haut. 30 cent.; larg. 23 cent.

Ce petit tableau, d'un auteur dont les œuvres sont recher-
chées en Allemagne, porte la signature de l'artiste avec la date
de 1852.

ÉCOLE MODERNE ITALIENNE

MORELLI (Ch.)

140. 34 — **La Sortie du bain.**

Toile. Haut. 1 m. 6 cent.; larg. 81 cent.

AQUARELLES

PAR DES

ARTISTES FRANÇAIS ET ÉTRANGERS

BEAUME

35 — La Moisson perdue.

Aquarelle.

BELLANGÉ (H.)

36 — Le Recruteur.

Aquarelle.

BONINGTON

37 — Une place à Bologne.

Aquarelle.

BONINGTON

38 — Intérieur d'une église.

Aquarelle.

BONINGTON

39 — Vue de Rouen.

Aquarelle.

BONINGTON

40 — Plage à marée basse.

Aquarelle.

BONINGTON

41 — Quentin-Durward.

Aquarelle.

BONINGTON

42 — L'Antiquaire.

Aquarelle.

BONINGTON

43 — Le vieillard.

Aquarelle.

BRASCASSAT

44 — Chiens attaquant un loup.

Aquarelle.

o DECAMPS

45 — Seigneur turc et sa favorite.

Aquarelle.

o DECAMPS

46 — Une odalisque.

Aquarelle.

DECAMPS

47 — Matelots italiens.

Aquarelle.

DECAMPS

48 — Le Pouilleux.

Aquarelle.

DECAMPS

49 — Un pauvre Espagnol.

Aquarelle.

DECAMPS

50 — Le Concert.

Aquarelle.

DECAMPS

51 — La Dispute au cabaret.

Aquarelle.

DELACROIX (E.)

52 — Une scène du Maroc.

Aquarelle.

DELAROCHE (P.)

3,900.

53 — Charles Ier insulté par les soldats de Cromwell.

Aquarelle.

DELAROCHE (P.)

5.400.

54 — Supplice de Jane Grey.

Aquarelle.

DELAROCHE (P.)

4000.

55 — Les Derniers adieux de Charles Ier.

Aquarelle.

DELAROCHE (P.)

6.200.

56 — Assassinat du duc de Guise.

Aquarelle.

DEVÉRIA

560.

57 — Mort de Monaldeschi.

Aquarelle.

GÉRICAULT

58 — Un Marché aux chevaux.

Aquarelle.

GÉRICAULT

59 — Chevaux tirant un fourgon.

Aquarelle.

GÉRICAULT

60 — Chevaux percherons

Aquarelle.

GRANET

61 — La Communion.

Aquarelle.

HARDING

62 — Un ponton.

Aquarelle.

JOHANNOT (A.)

63 — Charles-Quint et François Ier.

Aquarelle.

LAMI (ERNEST)

64. — Frontispice.

Aquarelle.

LEDOUX (AUGUSTE)

65 — Les Sept péchés capitaux.

Aquarelle.

LÉOCRATI

66 — Le Jugement de Galilée.

Sépia.

MADOU

67 — Une scène de bourse en Hollande.

Aquarelle.

MIKHALOWSKY

68 — Diligence à quatre chevaux.

Aquarelle.

REDOUTÉ

69 —- Un bouquet de fleurs.

Aquarelle.

ROBERTS

70 — La Cathédrale de Mayence.

Aquarelle.

ROBERT (LÉOPOLD)

71 — Les Moissonneurs.

Sépia.

ROBERT (LÉOPOLD)

72 — La Famille éplorée.

Sépia.

ROQUEPLAN (C.)

73 — Page portant une lettre.

Aquarelle.

SCHEFFER (A.)

74 — Le Larmoyeur.

Aquarelle.

STANFIELD

75 — Barque de pêcheurs.

Aquarelle.

VALÉRIO

76 — Musiciens Tziganes.

Aquarelle.

WILD

77 — Vue de Dunkerque.

Aquarelle.

TABATIÈRES

ARMURE DE PARADE

OBJETS DIVERS

4

ORDRE DES VACATIONS

—

Vacation *du Jeudi* 15 *janvier* 1863.

Tabatières — du n° **2** au n° **30** et du n° **42** au n° **58**.

Vacation *du Vendredi* 16 *janvier* 1863.

L'Armure — n° **1**.

Tabatières — du n° **31** au n° **41** et du n° **59** au n° **78**.

Porcelaines — du n° **74** au n° **102**.

Divers — du n° **103** au n° **112**.

——

N. B. Les Vacations des mardi 13 et mercredi 14 janvier 1863 sont réservées pour la vente des tableaux de maîtres et des aquarelles faisant partie de la même collection.

Beaux-Arts.

—La troisième vacation de la vente de la collection Demidoff a été consacrée aux objets d'art, qui n'ont pas été disputés moins chaleureusement que les tableaux. Une des pièces principales de ce jour était une tabatière ornée d'un camée onyx oriental, représentant l'empereur Auguste. La lutte s'est établie entre MM. de Cambacérès et Alègre ; ce dernier l'a emporté au prix de 16,100 fr. La fameuse armure gravée par Benvenuto Cellini, et qui a appartenu, dit-on, à François Ier, a été adjugée à M. Félix, moyennant 22,500 fr. M. de Cambacérès a payé une tabatière ornée de miniatures de Van Barenberghe 10,750 fr. ; le marquis d'Hertfort s'est rendu également adjudicataire d'une tabatière pour 11,000 fr. En résumé, la vente a produit une somme qui s'élève à 800,000 fr. environ.

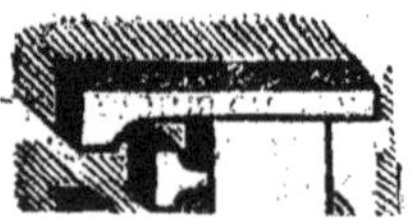

ARMURE

1 — Magnifique armure de parade en fer repoussé et doré.
Elle se compose d'un casque à crête et à visière,
de la cuirasse, des brassards et des cuissards, dont
toutes les parties sont enrichies de sujets de batailles
et de chasses, de figures, de génies, d'attributs et
d'ornements du meilleur style.

Ce rare spécimen de l'art italien, du xvie siècle, provient de la célèbre galerie de Strawberry-Hill, et précé-
demment de la collection de M. de Crozat, à la vente duquel M. Horace Walpole s'en rendit acquéreur en 1772.
Nous donnons ci-après l'extrait du Catalogue de Strawberry-Hill, dans lequel l'armure portait le n° 77, et pas-
sait pour avoir appartenu à François Ier .

« L'armure, vraiment magnifique, de François Ier, roi de France, complète jusqu'aux genoux.

« Elle est en acier incrusté d'or, et enrichie de sujets de batailles et de chasses en relief, du meilleur goût, d'un dessin précieux et d'une grande perfection de travail.

« Cette œuvre incontestable de Benvenuto Cellini, qui a orné si longtemps la galerie de Strawberry-Hill, peut être regardée comme sans défaut ; elle offre une noble image de la grandeur de ces jours où florissaient les tournois, aussi bien qu'un monument impérissable de la puissance de l'illustre artiste.

« Cette splendide armure provient de la collection du célèbre M. de Crozat. M. Walpole l'acheta à sa vente, en 1772. »

TABATIÈRES

Boîtes ornées de camées, d'onyx non gravés et d'intailles

2 — Magnifique camée antique, buste de l'empereur Auguste, profil à droite; sur onyx oriental à trois couches.

> Cette superbe pierre, de forme ovale, mesure 77 millim. de hauteur, sur 68 millim. de largeur; elle occupe le dessus d'une boîte ovale en or, s'ouvrant dans le sens de la longueur; le pourtour de cette boîte est orné de pilastres ciselés sur fond d'or jaune mat. Le fond, guilloché à fleurons, est entouré d'une bande à petits ornements brunis sur fond d'or mat.

3 — Superbe onyx oriental à trois couches, de forme ovale, taillé à biseau, mais non gravé. Il mesure 92 millim. de haut, sur 64 millim. de largeur.

> Cette pierre, de la nuance la plus splendide, est entourée d'un cadre d'or jaune à ornements grecs, et mon-

tée sur une boîte en or de forme carrée à coins arrondis, et filets vifs, entièrement guillochée en or bruni à écailles.

Elle provient de la collection de don Gennaro de Simoni.

4 . — Très-bel onyx oriental à plusieurs couches, de forme ovale, taillé à biseau, mais non gravé. Il mesure 74 millim. sur 57 millim. Entouré d'un cadre léger en or à fines moulures, il est monté sur une boîte en or de forme carrée, plate, ouvrant dans le sens de la longueur; coins légèrement arrondis, angles à fortes moulures en or bruni, fond guilloché bruni, à grains d'orge.

5 — Onyx oriental à trois couches, de forme ovale, taillé à biseau, de 40 millim. sur 28 millim. Il est entouré d'un cercle en or jaune à petits fleurons en relief, et orne le couvercle d'une boîte en or de forme carrée plate, à coins arrondis, à moulures; le fond guilloché bruni, à petits grains d'orge.

6 — Beau camée de forme carrée, gravé sur onyx, à plusieurs couches, par Calabresi, de Rome; il représente Mars et Vénus enfermés par Vulcain, derrière un filet repercé à jour, et entourés des têtes des principaux dieux de l'Olympe; les quatre angles sont occupés par des attributs divers. Le nom du maître est gravé sur les mailles du filet.

Ce chef-d'œuvre, véritable tour de force de l'artiste,

est monté sur une boîte carrée en or à coins arrondis ; les quatre côtés et le fond, en or ciselé, sont couverts de larges ornements à fleurons.

7 — Masque tragique antique, gravé en haut relief, sur cornaline rouge orientale, dans un encadrement ovale en or jaune, semé de petits fleurons en émail et monté sur une boîte ovale en or émaillé, violet, sur fond guilloché, et enrichie de bordures émaillées, à opales et feuillages verts. Travail du temps de Louis XVI.

8 — Camée sur cornaline blanche et rouge, représentant en profil une tête de Méduse ailée ; monté sur une boîte en or, forme baignoire, du temps de Louis XVI, ornements à pilastres, en or vert, champ guilloché à mille-raies.

9 — Intaille sur onyx, à trois couches, de 50 millim. sur 32 millim., représentant Hercule domptant le taureau de Crète.

Cette pierre est enchâssée sur le couvercle d'une boîte ovale en or enrichie de fleurs, de nœuds et de feuillages en émaux de couleur naturelle, occupant le fond et le pourtour. Travail du temps de Louis XV.

10 — Belle sardoine convexe, ovale, de 74 millim. sur 45 millim., gravée en creux, et représentant dans une couronne de laurier un triomphateur, debout sur un quadrige, guidé par une Victoire.

Cette pierre est montée sur une boîte ovale en or à

bandes émaillées de bleu et ornements réservés en or ; le pourtour et le dessus sont guillochés à carrés pointillés en or jaune.

11 — Onyx gravé en creux, de 25 millim. de diamètre, représentant Jupiter, Mercure et Hébé, entourés des signes du Zodiaque.

Cette pièce, encadrée d'une guirlande de fleurs finement ciselée en or jaune et d'un filet d'émail bleu, orne le dessus d'une boîte en or dont le champ est guilloché à carrés pointillés sur or jaune. Le pourtour et le fond sont ornés de bandes émaillées de bleu à fleurons d'or.

Boîtes ornées de portraits peints sur émail
par Petitot et autres

12 — Magnifique portrait du maréchal de Turenne, peint sur émail, par Petitot, dans un médaillon ovale, et monté sur une très-belle boîte Louis XVI, en or fond jaune mat, richement ciselé au pourtour et sur les deux faces, à grands ornements, à rinceaux en relief, mêlés de guirlandes, en or vert. Le fond extérieur porte un vase ciselé sur un médaillon bruni.

13 — Très-beau portrait du roi Louis XIV, peint sur émail, par Petitot ; placé sur une boîte Louis XIV, en or, à huit pans, montée à pilastres et fond bleu émaillé sur fond guilloché à torsades ; les frises, les bandeaux

et les encadrements en or ciselé, sont relevés d'émaux
de couleur, à l'imitation de rubis et d'émeraudes.
Les huit côtés et le fond sont ornés de grisailles, par
madame Moreau, et représentent des attributs d'a-
mour et de musique; le fond extérieur offre un médaillon de forme ovale, sur lequel sont dessinés par
la même artiste les deux L formant le chiffre du roi,
avec une couronne de roses.

Cette superbe boîte, signée Rinderhagen, à Paris, a
fait partie de la collection du roi d'Angleterre, Georges IV ;
en dernier lieu, elle a appartenu au feu comte de Harrington, et figurait dans sa collection sous le n° 929.

14 — Portrait du roi Louis XIV, peint sur émail par Petitot;
monté sur une boîte ovale en écaille doublée d'or à
filet inférieur en or bruni et saillant; sur le fond extérieur se trouve un sujet en piqué d'or, représentant
une ruine et un renard.

15 — Portrait du maréchal de Catinat, peint sur émail par Petitot; monté dans un médaillon ovale encadré d'un
filet bleu carré et d'ornements de style grec en or en
relief. Cet émail et cet encadrement forment le dessus
d'une boîte en or de forme carrée et plate à angles
vifs; champ jaune mat, guilloché en losanges, filets
d'émail bleu sur le pourtour et les deux faces.

Cet émail provient de la collection de feu M. le baron
Roger.

16 — Boîte en or à huit pans, émaillée de bleu sur fond guilloché à losanges. Les bandeaux, en or bruni, ornés de guirlandes de feuillages en émail bleu, sont séparés du fond par des filets en émail blanc. Le couvercle, en or jaune, avec des ornements ciselés en relief, supporte un médaillon ovale encadré dans un filet octogone bleu. Ce médaillon est un émail qui représente le grand Dauphin, fils de Louis XIV.

17 — Boîte en or longue à huit pans, pourtour et champ en émail bleu strié; les frises, bandeaux et encadrements en or jaune mat, sont relevés d'arabesques émaillées bleu; le milieu du fond extérieur est occupé par une coupe d'émail bleu sur fond d'or. Le couvercle, orné d'arabesques ciselées en relief, est occupé à son centre par un médaillon ovale encadré de bleu, représentant un portrait d'homme du siècle de Louis XIV, peint sur émail.

18 — Boîte en or, de forme carrée à angles arrondis et filets saillants; or jaune mat guilloché à quadrilles, arabesques en relief et brunies sur le fond extérieur et le couvercle. Ce dernier porte un grand médaillon ovale encadré dans un filet émaillé bleu, représentant le portrait du cardinal de La Rochefoucauld, peint sur émail.

19 — Boîte en or du temps de Louis XVI, de forme carrée, pans coupés; le pourtour, le fond et le couvercle sont émaillés bleu en torsades dans un filet blanc; les en-

cadrements ainsi que les quatre pans coupés sont en or jaune avec ornements ciselés, guirlandes de feuillages et fleurs émaillées vert et rouge. Le couvercle est orné d'un émail entouré de roses, représentant le portrait de madame la duchesse de Bourgogne, peinture du temps.

20 — Boîte ovale Louis XVI, en or, champ émaillé violet à torsades avec filets d'émail blanc; monture à pilastres et frises décorées de guirlandes en relief en or vert et rouge. Le couvercle porte un médaillon enchâssé dans une bordure d'or ciselé, représentant un portrait de femme en costume du temps de Louis XIV, peint sur émail.

> Ce portrait provient de la collection de feu M. le baron Roger, et portait l'indication suivante : « Portrait dit de la belle Armande, maîtresse de Louis XIV. »

21 — Boîte en or, de forme carrée plate, à coins arrondis; champ guilloché à pois, bordure à ornements émaillés bleu sur fond d'or jaune mat. Le couvercle est occupé au centre par un petit portrait entouré d'un cercle d'émail bleu, représentant mademoiselle de Lavallière, peint sur émail, et que nous attribuons à Petitot le fils.

22 — Boîte ovale du temps de Louis XV, en or, champ émaillé couleur porphyre vert clair; monture à pi-

lastres et à médaillons ronds, représentant des bustes antiques et des figures d'amours soutenant des corbeilles de fleurs, filets à baguettes brunies et ornements ciselés sur or. Sur le fond extérieur se trouve un médaillon rond ciselé sur or mat, à trois enfants tenant des attributs de musique, et flanqué de deux lentilles d'émail bleu sur les côtés. Au couvercle se retrouvent ces deux lentilles accompagnant un médaillon ovale cerclé d'or, avec deux figures d'amours, qui renferme un bel émail représentant la duchesse de Montpensier.

Cette boîte a fait partie de la collection du comte de Harrington, où elle figurait sous le n° 933.

Boîtes émaillées en plein

23 — Grande et magnifique boîte ovale en or, richement ciselée, à pilastres et frise en relief, ornés de fleurons en or vert. Au pourtour se trouvent quatre sujets peints sur émail, d'après Greuze : Jeune mère et ses enfants, enfant dressant un petit chien, jeune marchande de légumes et petite fille donnant à manger à des volatiles. Le fond extérieur, dans un large cadre à guirlandes d'or vert, représente : Une marchande de friture au bas du pont Neuf. Sur le couvercle, pareillement encadré, une jeune laveuse reçoit un bouquet d'un porteur de hotte. Tous ces sujets sont émaillés en plein.

24 — Charmante petite boîte carrée en or, à ornements gravés
style Pompadour, rehaussés d'émail bleu ; dans chaque
panneau, entouré d'un cadre contourné, figure un
sujet peint sur émail, représentant des scènes ou des
attributs de buveurs dans le style de Van Ostade. Tous
ces sujets sont émaillés en plein.

25 — Belle boîte carrée en or, à encadrements de guirlandes
gravées et brunies ; au pourtour, quatre sujets carrés,
peints sur émail : Le concert de famille, une petite
ménagère faisant la cuisine, une jeune mère construi-
sant des châteaux de cartes, et une ménagère faisant
son lit. Au fond extérieur, scène populaire de marché ;
sur le couvercle, la lecture de la Bible en famille,
d'après Greuze. Tous ces sujets sont émaillés en
plein.

26 — Petite boîte ovale en or ciselé, enrichie de six peintures
sur émail, également ovales ; les quatre du pourtour
représentent des scènes d'enfants ; le fond extérieur,
un paysan russe à table avec sa famille ; et sur le couvercle, une paysanne russe jouant de la mandoline
devant deux jeunes filles qui l'écoutent.

27 — Magnifique boîte carrée en or émaillé en plein ; champ
gravé à mille raies, bordures à roses émaillées à
chaque coin ; tous les panneaux offrent des médaillons
peints sur émail, style Pompadour, enlevés sur fond
d'or ; au pourtour, trois sujets de gibier, et sur le devant, une jeune femme avec un chien de chasse. Le

fond extérieur représente un enfant menant un chien en laisse, et sur le couvercle on voit un charmant sujet de repos de chasse. La signature *Lesueur* se distingue dans le chapiteau d'une fontaine.

Cette boîte provient de la collection du comte Harrington.

28 — Belle boîte carrée en or émaillé en plein; champ gravé en treillis semé de rosaces, sur lequel se détache à chaque face un sujet en émail représentant des scènes de la vie champêtre. Sur le fond extérieur, une jeune femme qui file; sur le couvercle, une jeune servante de ferme cajolée par un berger, pendant que sur le devant une femme apprend à lire à une petite fille.

29 — Boîte carrée en or émaillé en plein, fond orné d'une gravure brunie, style Pompadour; sur chaque face se voit un sujet émaillé ressortant sur champ d'or, ce qui compose six épisodes devant se rapporter à une représentation de ballet où figurent Narcisse, l'Amour et divers personnages en costumes très-curieux de l'époque.

30 — Boîte ovale en or émaillé en plein; champ ciselé bruni; ornée à tous ses contours de guirlandes de fleurs de couleurs naturelles en émail; sur le pourtour se trouvent quatre bouquets de fleurs variées. Le fond et le couvercle portent ces mêmes bouquets plus riches, entourés d'une couronne tressée d'un ruban d'émail vert.

Boîtes ornées de peintures par Van Blarenberghe

31 — Très-belle boîte ovale en or, monture à pilastre, avec ornements courants d'or vert dans les encadrements; le pourtour est orné de six sujets à la gouache. Le fond et le couvercle sont occupés par deux grands sujets de même nature, enrichis de nombreux personnages. Toutes ces précieuses peintures se rapportent au château de Bellevue, près Meudon, et à ses environs. Elles sont l'œuvre de Blarenberghe, 1782.

Cette boîte provient de la collection de feu M. le baron Roger.

32 — Boîte ronde en or, pourtour guilloché à pois, bandeaux et encadrements, or jaune mat, avec guirlandes en relief, en or de couleur. Le fond et le couvercle sont ornés de deux sujets peints à la gouache, par Blarenberghe, en 1777. Celui du fond représente le château de Bercy, vu du côté de la Rapée; l'autre, le même château avec sa terrasse, vu du côté de Conflans; le premier plan de ce dernier sujet est animé par une fête de mariniers.

33 — Boîte carrée en or, coins arrondis, champ bruni strié, revêtue de bouquets, d'oiseaux et d'instruments de musique, en or de couleur; le dessous et le dessus sont ornés de deux gouaches en miniature; l'une représente une salle d'opéra, et l'autre un feu d'arti-

fice sur l'eau. Ces peintures, enrichies d'un grand
nombre de personnages, ont été exécutées et sont si-
gnées par Van Blarenberghe.

34 — Boîte ovale en or, champ guilloché à pois, pilastres,
cordons et encadrements à guirlandes ciselées en relief, d'or de couleur sur fond jaune mat. Le fond extérieur est occupé par un médaillon couvert d'arabesques de même nature. Le couvercle est orné d'une
jolie miniature à la gouache, représentant un bal
dans une salle de verdure entourée d'une colonnade.
Cette gouache a été exécutée et signée par Van
Blarenberghe fils, 1769.

Boîtes ornées de miniatures

35 — Très-belle boîte Louis XVI, de forme carrée, pans coupés, en or, revêtue au pourtour de huit plaques de
lapis, entourées d'un filet d'émail blanc ; monture à
pilastres, avec frise et bandeaux en or ciselé, semé
de guirlandes en feuillages verts avec points blancs.
Le fond extérieur est occupé tout entier par une
miniature représentant Madame Elisabeth, sœur du
roi Louis XVI, et ses frères, le comte de Provence
et le comte d'Artois. Sur le couvercle, une miniature
de même dimension représente Marie-Antoinette, sa
fille, qui fut depuis madame la duchesse d'Angou-
lême, le Dauphin Louis XVII, et un plus jeune prince
mort dans son enfance. Auprès de ce groupe, se distingue le buste de Louis XVI.

36 — Boîte ovale, en or, du temps de Louis XVI, champ
émaillé rouge, à torsades, panneaux entourés d'un
filet blanc, encadrement à guirlandes émaillées vert
et rouge, sur or mat. Le couvercle porte une petite
miniature sur ivoire, encadrée d'émail vert à perles
blanches, représentant la reine Marie-Thérèse, femme
de Louis XIV, d'après Petitot.

37 — Grande et belle boîte ovale Louis XVI, en or, monture
à cage et à quatre pilastres ciselés, avec frise ornée de
guirlandes, et fleurons en relief en or vert. Le pourtour se compose de quatre sujets en miniature; scènes
familières dans le style des maîtres flamands. Le
fond extérieur, encadré d'une bordure ciselée, représente une danse flamande. Le couvercle, entouré
de même, offre une scène très-animée de buveurs.

38 — Boîte ovale Louis XVI, en or, monture à cage, à pilastres, frise et encadrements ornés de reliefs en or de
couleur ; au pourtour, quatre miniatures à la gouache
représentant des marines mêlées de paysages: entre
les pilastres, quatre petites figures de Termes, en grisaille ; le dessous est occupé par un grand sujet de
marine éclairé par la lune. La peinture du couvercle
représente une scène de naufrage, d'après Joseph
Vernet, par de Lioux de Savignac.

39 — Boîte en or, de forme carrée, pans coupés, pourtour en
architecture ciselée, style Louis XVI, avec ornements
d'or vert, fond émaillé vert émeraude guilloché, à

torsade; aux deux extrémités du pourtour sont deux sujets ronds encadrés d'or, représentant des amours en miniature grisaille ; mêmes scènes en ovale sur les deux panneaux longs et dans les pans coupés, quatre têtes supportées par des Termes. Au fond extérieur, une miniature également grisaille et ovale, représente Pygmalion aux pieds de Galathée. Sur le couvercle, se trouve un médaillon de même nature : les Trois Grâces sur un piédestal, entourées de nymphes et d'amours, par Dégault.

40 — Boîte carrée en or, coins arrondis, revêtue sur toute sa surface d'ornements de pampres, en or vert et rouge, sur fond jaune mat. Le fond extérieur est orné d'un médaillon ciselé qui représente des oiseaux et des fleurs également en or de couleur. Le couvercle porte, dans un encadrement ciselé, une miniature en grisaille avec figures coloriées, représentant les Pèlerins d'amour, par Klingstet.

41 — Boîte ronde, en poudre d'écaille, cerclée en or ciselé, à guirlandes. Le couvercle est orné d'une miniature gouachée, représentant un site maritime animé de figures.

Boîtes ornées de mosaïques par Neubert et par Barberi

42 — Grande boîte ovale en or, revêtue d'une mosaïque de Saxe, cordons en perles, champ quadrillé à filets d'or

guilloché; sur le couvercle, se trouve un camée sur
agate, de forme ovale, représentant la tête de Junon
en relief, profil à gauche, signé Cerbara et entouré
d'un cercle d'or ciselé à feuillage. Sur le fond, un
médaillon ovale en jaspe sanguin, encadré d'un ornement d'or. Travail de Neubert, de Dresde.

43 — Boîte ovale, en or, revêtue de mosaïque de Saxe, cordons en perles émaillées, champ quadrillé à filets
d'or guillochés, avec fleurons couleur turquoise; sur
le pourtour, se trouvent quatre camées sur agate,
bustes en relief. Le couvercle est orné d'une miniature ovale peinte en grisaille sur fond bleu, représentant le roi Stanislas Auguste de Pologne. Travail
de Neubert.

44 — Grande boîte carrée, en or, fond guilloché en forme de
prismes basaltiques; encadrements des côtés en émail
bleu, relevé d'arabesques d'or. Le couvercle en émail,
fond bleu, orné de quatre fleurons en relief dans les
angles, est occupé par une grande mosaïque ovale,
de Rome, représentant un beau paysage à fond de
montagnes, dans lequel sont groupés : un chien cou-
rant roux, un épagneul de chasse, et un barbet à
moitié tondu. Signée : Barberi. Ce travail passe pour
son chef-d'œuvre.

45 — Boîte carrée, en or, coins arrondis, fond mat, revêtue
en entier d'ornements brunis, avec des attributs de
chasse dans les enroulements. Le couvercle est occupé

par une mosaïque romaine, représentant dans un site
montagneux, un chien de chasse blanc et fauve, en
repos, à côté d'une perdrix morte. Signée : Barberi.

46 — Boîte carrée, en or, coins arrondis, fond mat, revêtue
en entier d'ornements brunis, dans lesquels se trouvent des chiens de chasse et des oiseaux aquatiques.
Le couvercle est occupé en entier par une mosaïque
de Rome, représentant un paysage avec lac ; au fond
du paysage, on distingue le Vatican ; sur le devant,
un épagneul blanc et roux donne la chasse à deux
canards sauvages. Signée : Barberi.

47 — Boîte carrée en or, coins arrondis et pourtour à festons,
revêtue entièrement d'émail bleu semé d'arabesques
légères en or, sur lesquelles se détachent des fleurons
blancs. Le couvercle est orné par une mosaïque de
Rome, représentant un paysage aride au milieu duquel figurent deux chiens : un boule-dogue et un
barbet noir à moitié tondu ; signée : Barberi.

48 — Boîte carrée en or, coins arrondis, champ mat, revêtue
en entier de larges ornements brunis, dans lesquels
figurent des oiseaux de diverses sortes, et sur le fond,
un coq de grande dimension. Le couvercle est occupé
en entier par une mosaïque de Rome, représentant
un beau coq, une poule blanche et six poussins ;
signée : Barberi.

49 — Boîte carrée en or, à coins arrondis ; champ mat, ornée
partout de grandes arabesques brunies, dans lesquelles

s'enroulent des dragons fantastiques et deux figures de jeunes hommes couchés près d'un écusson. Le couvercle est occupé tout entier par une mosaïque romaine, représentant un site maritime et un groupe de personnages en costumes grecs, au milieu duquel une femme semble chanter ou improviser; signée Barberi.

50 — Boîte carrée en or, coins arrondis et pourtour à festons, revêtue entièrement d'émail noir semé d'arabesques légères en or, sur lesquelles se détachent des fleurons blancs. Le couvercle est occupé par une mosaïque de Rome, représentant au fond une auberge, et sur le devant un paysan et une paysanne russes dansant, tandis qu'un troisième personnage joue de la mandoline; par Barberi.

51 — Boîte en or du temps de Louis XVI, de forme ovale allongée, le fond guilloché à pois, le pourtour orné de pilastres et de bandeaux, champ mat jaune à fleurs d'or vert et rouge. Le dessus, entouré d'un cercle semblable, consiste en une mosaïque de Rome, représentant le même sujet que celui de la boîte qui précède.

Boîtes en matières précieuses

52 — Grande et belle boîte de forme carrée à coins arrondis, en jaspe sanguin, montée à cage en or ciselé ondulé;

le dessus, légèrement convexe, porte un ornement gravé dans le jaspe sur les quatre côtés ; le milieu est rempli par un bouquet de fleurs en or ciselé en relief, enrichi de brillants. Travail du temps de Louis XV.

53 — Boîte en or de forme contournée, les faces latérales en or ciselé, cannelé ; les filets vifs en or bruni ; le couvercle et le fond sont composés de deux très-belles plaques de jaspe héliotrope, maculé de rouge et de vert clair.

54 — Boîte carrée en jaspe sanguin à cuvette, montée à gorge en or, à fleurs émaillées en relief. Travail du temps de Louis XV.

55 — Boîte en jaspe de forme contournée à deux compartiments, montée à cage en or à ornements ciselés, et portant comme fermoir des deux parties une guirlande de fleurs en brillants, rubis et émeraudes. Travail du temps de Louis XV.

56 — Charmante petite boîte de forme contournée, divisée en deux dessins jumeaux, revêtue de plaques de cornaline ; monture à cage en or avec bandes émaillées de bleu. Travail du temps de Louis XVI.

57 — Boîte en cornaline de forme ovale allongée, taillée à cuvette ; garniture en or bruni à filets et fleurons émail-

lés bleu; le couvercle est orné d'un médaillon ovale,
en sens contraire à la boîte, qui renferme une vasque
avec girandole en roses, représentant une fontaine. Ce
médaillon est remarquable par la finesse du travail.
Époque Louis XVI.

58 — Boîte de forme contournée en or bruni à filets et pilastres, ornée de deux plaques en agate à sujets, dans le
style chinois, laqués or. Travail de Dresde, du temps
de Louis XV.

Boîtes en or émaillé, en or ciselé et autres

59 — Charmante petite boîte en or, de forme carrée, pans
coupés, à pilastres et frises en or ciselé mêlé d'émaux
de couleur; champ émaillé jaune quadrillé. Le couvercle est orné d'un médaillon ovale émaillé bleu,
entouré d'une couronne en émail vert, et portant en
relief deux *D* opposés en brillants; signée du Petit-
Dunkerque.

60 — Boîte en or de forme carrée, ovoïde aux deux extrémités qui sont taillées à côtes; le champ est émaillé noir
à fleurons d'or rehaussés par des fleurs blanches. Le
couvercle est orné d'une plaque de lapis en ovale al-
longé, sur laquelle se détache en relief un vase de
forme antique strié de bandes en roses, du travail le
plus fin.

61 — Boîte carrée en écaille, montée à cage et doublée en or ;
monture à pilastres et à moulures unies ; au pourtour se trouvent quatre petits sujets peints sur émail
d'après Greuze, dans deux médaillons ronds et deux
ovales. Le fond et le couvercle sont ornés de deux
émaux ovales de plus grande dimension, dont l'un
représente, également d'après Greuze, la jeune fi-
leuse, et l'autre, la jeune blanchisseuse.

62 — Très-jolie boîte en or de forme carrée, à angles coupés,
monture à cage à ornements finement ciselés. Elle est
enrichie de panneaux en vieux laque usé du Japon,
de la plus belle qualité. Le dessus et le dessous présentent des sujets d'enfants et de combats de coqs. Sur
les quatre autres côtés se trouvent des ornements ja-
ponais, rappelant la mer et les oiseaux.

    Cette boîte a appartenu au feu comte de Harrington,
et figurait dans sa collection sous le n° 924.

63 — Boîte en or, de forme carrée plate et à coins arrondis ;
les quatre faces et le fond sont ornés d'arabesques en
relief, feuillages en or de couleur sur or jaune mat.
Le couvercle, entouré d'une baguette d'émail bleu,
porte un sujet ovale en acier ciselé de haut relief,
représentant un combat de cavalerie, signé Joh.
Spazierer, et entouré également d'un filet bleu en
émail.

64 — Boîte carrée en or, champ sablé à ornements brunis, à
grandes fleurs sur les quatre côtés. Le couvercle est

orné de deux figures, Minerve et l'Amour, sous un baldaquin. Le fond présente une figure d'enfant dans un nuage, avec les attributs de la Justice ; le tout dans une couronne de larges fleurs. Travail français du temps de Louis XV.

65 — Boîte carrée en or, à angles vifs brunis, champ guilloché à grains d'orge sur toutes ses faces : sur le devant, se trouve un fermoir de forme octogone, orné d'une cornaline sur laquelle sont gravés en creux des caractères arabes (talisman).

66 — Boîte en or, de forme carrée, à coins arrondis, montée à cage, à ornements ciselés. Elle est ornée de six panneaux ciselés sur or, par Kirstein, de Strasbourg. Le couvercle et le fond présentent deux sujets de Kermesses, en haut relief. Les panneaux, de style Louis XVI, présentent aux deux grands côtés des fleurs et des ornements avec des boucs et des griffons, et aux deux petits côtés, des vases de fleurs, et Vénus et l'Amour.

67 — Boîte carrée en or, à coins arrondis ; le pourtour et le fond sont ciselés à rinceaux en relief. Le sujet supérieur représente un cheval assailli par un lion et défendu par un guerrier, le tout en haut relief finement ciselé sur or, et signé Kirstein, à Strasbourg. Le sujet inférieur présente Saint Georges combattant le Dragon, haut relief ciselé, entouré de la Jarretière, avec la devise : « Honi soit qui mal y pense, » en relief bruni.

68 — Boîte carrée en or, avec pilastres, bases à fleurs et frises semées de fleurs de lys dans un ornement gothique. Cette boîte est ornée de six sujets en fort relief, ciselés en or sur fond sablé. Tablette supérieure : un Sacrifice aux dieux. — Tablette inférieure : Guerriers et licteurs passant un pont. — Aux quatre côtés, 1° Guerriers en conseil pour un siége; 2° Préparatifs de machines de guerre; 3° Troupes marchant à l'assaut, et 4° Conclusion de la paix; le tout dans le style antique romain.

69 — Grande boîte de forme carrée, montée à cage, en or, et à six sujets, représentant des animaux, des fleurs et des personnages, dans le style chinois, ciselés sur or en relief et brunis sur fond sablé.

70 — Boîte en or, de forme oblongue, à angles arrondis ornés de fleurons à jour en or ciselé, revêtue sur toutes ses faces d'un pavé de turquoises. Le bec est orné d'une petite turquoise ovale entourée de fleurons en roses.

71 — Boîte en or de forme oblongue, à coins arrondis, champ émaillé, bleu et violet, en losanges, filets et bordure en or ciselé; au pourtour, deux panneaux en émail, l'un de fleurs, l'autre d'instruments de musique. Le couvercle, orné de pilastres garnis de perles fines, représente une scène d'enfants entre deux vases de fleurs, le tout en émail, et s'ouvre à trois compartiments. L'un contient une montre, le dernier un pan-

tin mécanique, celui du centre est destiné au tabac ;
en dessous est un médaillon carré peint sur émail, et
dont le sujet est un enlèvement. Cette boîte à musique est un travail de Genève.

72 — Boîte ronde en vernis Martin ; le pourtour orné de trois
fragments de paysage sur fond doré ; le fond et le
couvercle sont décorés de deux sujets à figures dans
le style de Watteau.

73 — Boîte ronde en vernis Martin, avec bouquets sur fond
or au pourtour et au fond ; sur le couvercle, se trouve
un médaillon rond cerclé d'argent, représentant une
scène d'enfants apprenant à lire.

PORCELAINES

74. — Service à dessert en ancienne porcelaine de Sèvres,
pâte tendre, fond blanc à fleurs, bords bleus à festons
et filets d'or, composé de : deux glacières avec couvercles ; deux verrières ; deux sucriers ovales ; deux
jardinières ; quatre compotiers ronds ; quatre compotiers quadrangulaires ; quatre compotiers coquilles ;
quatre compotiers carrés ; deux plateaux ronds à
pieds ; un confiturier double ; douze pots à crème ;
deux saladiers ou bols ; deux raviers, forme bateau ;
quarante-cinq assiettes à couteaux. — Ce lot pourra
être divisé.

75 — Service à dessert en porcelaine tendre, fond blanc à fleurs et ornements dorés ; bordures intérieures bleu de roi et vertes, avec couronnes dorées, et médaillons avec portraits de femmes célèbres des cours de Louis XIV, de Louis XV et de Louis XVI. Il se compose de : trente-six assiettes à couteaux ; quatre compotiers carrés ; quatre compotiers ronds ; deux compotiers ovales ; deux compotiers longs ; deux sucriers ovales et deux confituriers doubles.

Ce service est contenu dans un coffre en cuir de Russie rouge, garni de bronze argenté, avec housse en cuir noir.

76 — Deux tasses en porcelaine tendre, fond bleu de roi, ornées des portraits de la reine Marie-Antoinette et de la princesse de Lamballe.

77 — Deux tasses en porcelaine tendre, fond bleu turquoise, ornées des portraits de mademoiselle de La Vallière et de mademoiselle de Fontanges.

78 — Deux tasses en porcelaine tendre fond rose, ornées des portraits de Madame Élisabeth et de Madame Royale.

Ces six tasses sont renfermées dans un coffre en cuir de Russie rouge, garni en bronze argenté, avec housse en cuir noir.

79 — Douze tasses en porcelaine tendre, décorées de rosaces roses et entre-deux à bouquets de fleurs. *385.*

80 — Douze assiettes en porcelaine tendre, fond bleu turquoise, à médaillons d'après **Watteau**. *310*

81 — Douze assiettes en porcelaine tendre, fond bleu turquoise, à médaillons à amours. *245.*

82 — Douze assiettes en porcelaine tendre, à bordures bleu turquoise et fonds blancs à fleurs. *186.*

83 — Deux grandes corbeilles avec couvercles, en ancienne porcelaine de Saxe, le fond à petites fleurs violettes et médaillons de fleurs, montures en bronze doré à mascarons et anses à feuillages. *255.*

84 — Deux plats ronds de mêmes porcelaine et décors, également montés en bronze doré. *175.*

85 — Très-belle soupière ronde à couvercle, avec plateau de forme ovale, en ancienne porcelaine de Saxe, décorée à ornements, en bleu et or, et enrichie de fleurs et d'oiseaux en couleurs. *185.*

86 — Soupière ronde en ancienne porcelaine de Saxe, fond blanc, à fleurs et filets dorés, avec plateau gaufré et couvercle surmonté de légumes en relief. *210.*

87 — Soupière ovale en ancienne porcelaine de Saxe, fond blanc à fleurs, avec plateau ovale et couvercle surmonté d'une branche de cerises.

88 — Deux bols et leurs plateaux en forme de feuilles de choux.

89 — Deux saladiers en forme de choux.

90 — Deux grands plats ronds en ancienne porcelaine de Saxe, fond blanc, à larges fleurs et bords festonnés.

91 — Trois grands plats ronds en ancienne porcelaine de Saxe, avec peintures dans le style chinois.

92 — Deux grands plats ronds en ancienne porcelaine de Saxe, fond blanc à fleurs, bords gaufrés.

93 — Trois plats ronds en ancienne porcelaine de Saxe, fond blanc à fleurs, bords gaufrés.

94 — Sept plats ronds en ancienne porcelaine de Saxe, fond blanc à fleurs, bords gaufrés.

95 — Douze assiettes à couteaux, fond blanc à grandes fleurs, bords gaufrés.

96 — Sept assiettes à couteaux, fond blanc à petites fleurs bords gaufrés.

140.

97 — Cinq assiettes à potage, fond blanc à grandes fleurs, bords gaufrés.

98 — Six assiettes à potage, fond blanc à petites fleurs, bords gaufrés.

50.

99 — Dix-sept assiettes à potage, en ancienne porcelaine de Berlin, fond blanc à fleurs, bords gaufrés et festonnés.

280.

100 — Soixante-huit assiettes à couteaux, de mêmes porcelaine et décors que celles qui precèdent.

101 — Dix-sept assiettes à dessert, de mêmes porcelaine et décors.

102 — Quatre petits plats, forme feuille, avec nervures peintes en vert et or.

75.

IVOIRES & OBJETS DIVERS

103 — Grand et beau vidrecome en ivoire sculpté, Bacchanale en haut relief. Travail du plus grand style, quoique étant resté à l'état d'ébauche ; base et couvercle en argent ciselé.

104 — Vidrecome en ivoire, jeux d'enfants en bas-relief. Travail du XVIIe siècle ; monture en argent ciselé sans anse ; sur le couvercle, se trouve un médaillon ovale en argent repoussé : choc de cavalerie.

105 — Vidrecome en ivoire, jeux d'enfants en haut relief ; monture en argent ciselé ; le couvercle est orné d'un repoussé sur argent très-fin, présentant le sujet de la Fondation de Carthage ; signé Elias Jaeger.

106 — Vidrecome en ivoire sculpté, Triomphe de Neptune ; composition d'un grand nombre de figures ; il est monté en argent, et son couvercle est orné d'un médaillon repoussé : choc de cavalerie.

107 — Vase en forme de calice, en ivoire, la panse ornée
d'une bacchanale en bas-relief; sur le couvercle, se
trouve une petite figurine de Bacchus.

108 — Très-grand encrier, à plateau en vermeil, de forme
oblongue, enrichi de beaux ornements ciselés en
relief, à rinceaux, feuillages, vases et mascarons; sur
ce plateau, se trouvent trois godets en forme de petits vases, style Louis XVI, ainsi qu'un flambeau à
deux branches rocaille, porte-bougies et abat-jour,
orné à sa base de guirlandes de fleurs suspendues à
des consoles tenues par des figurines d'enfants.

109 — Écritoire du temps de Louis XV, modèle rognon, en
bois de rose à entrelacs marquetés, richement garni
de bronzes dorés, et à une branche porte-bougie,
soutenue par un mufle de lion et guirlandes de lau-
riers.

110 — Deux groupes en bronze : Bacchante et Satyre dansant, d'après Clodion, sur socles ronds, en marbre
vert de mer, montés en bronze doré. Ils seront ven-
dus séparément.

111 — Quatre très-grandes appliques de forme ovale, à glaces
encadrées de très-larges bordures en cuivre re-
repoussé et argenté, à figurines d'amours, aigles,

fleurs et feuillages, surmontées d'un fronton à couronnes et feuillages. Ces appliques sont garnies de
deux grandes branches, supportant chacune une
lampe en bronze argenté.

Paris. Typ. PILLET fils aîné, rue des Grands-Augustins, 5.